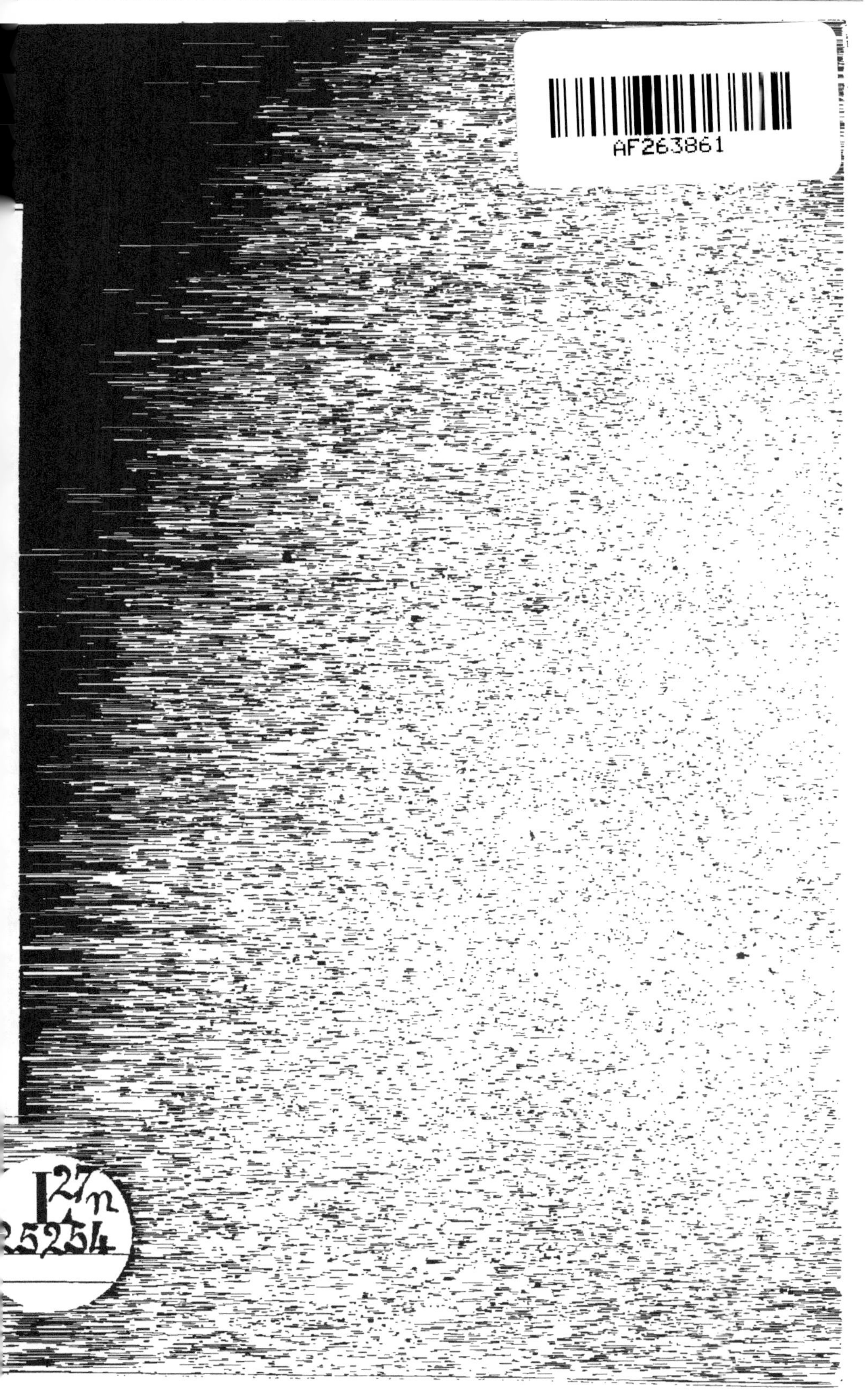

M. Jacob LÉOPOLD,

Ses funérailles,

ET

PAROLES PRONONCÉES SUR SA TOMBE

Le 6 Septembre 1868.

A Louis LÉOPOLD.

C'est à toi, cher enfant que j'ai vu naître, dont j'ai guidé les premiers pas, entendu bégayer les premières paroles, et aux caresses duquel il m'a été donné de sourire, c'est à toi, ô mon jeune ami, que j'adresse cet humble hommage de ma reconnaissance envers celui qui n'est plus.

Puissent ces quelques lignes contribuer à fixer davantage dans ta mémoire les traits chéris de l'homme si juste et si bon que nous pleurons tous, et dont l'inaltérable souvenir vivra toujours dans le cœur de ceux qui l'ont aimé.

Charles HEQUET.

Liverdun, 4 Septembre 1869.

Dès le matin du 4 septembre 1868, une triste nouvelle, aussitôt et malheureusement confirmée, se répandait dans la ville de Vitry-le François, et causait dans toute la population la plus vive et la plus pénible émotion.

Par un de ces coups imprévus, qui déjouent les efforts de la science et renversent les plus chères espérances, le chef d'une des premières maisons de commerce de cette ville, M. Jacob Léopold, venait de succomber victime d'une longue et douloureuse maladie, enlevé, à 43 ans, à la tendresse de sa jeune et digne épouse, de ses deux enfants en bas âge, de toute sa famille éplorée, et à l'affection sincère de ses nombreux amis.

Une année s'est écoulée depuis que la mort a

frappé, pour la détruire, cette existence honorable et encore si utile. Et c'est afin de ne pas raviver trop tôt des douleurs légitimes et respectables, comme aussi pour laisser au temps, qui seul peut les calmer, le soin de commencer son œuvre réparatrice, que j'ai cru devoir attendre ce délai, avant de consigner, en ces lignes modestes, l'expression des regrets qu'inspire la perte de cet homme de bien à ceux qui, ayant connu M. Jacob Léopold, ont été à même d'apprécier ses excellentes qualités.

M. Jacob Léopold est né à Mayence (Grand-Duché de Hesse) le 25 août 1825. — Il appartenait à une honorable famille israélite, qui a compté, parmi ses membres, le chevalier Isidore Lœwersternn, savant archéologue, correspondant du Comité central de la Société de Géographie de Paris, et qui, l'un des premiers, en 1845, agita la question du déchiffrement des textes assyriens de Ninive.

Après avoir fait de bonnes études au Collége de Verdun, où ses parents étaient venus habiter quelque temps après sa naissance, M. Jacob Léopold embrassa la carrière commerciale, la seule qui lui parût convenable, comme étant la plus conforme à ses aptitudes et à ses goûts.

M. Jacob Léopold occupa d'abord, et pendant plusieurs années, sous la direction de son père et d'un de ses oncles, une position inférieure, du moins en apparence; puis, lorsqu'il jugea le moment favorable à ses projets et qu'il crut avoir acquis suffisamment d'expérience, il vint s'établir à Vitry-le-François, où, de concert avec son frère, M. Bernard, il créa, sous la raison sociale Léopold frères, une maison pour le commerce des grains et des fourrages.

Grâce à l'entente cordiale qui régna toujours entre les deux frères, grâce à leur esprit d'ordre, mais aussi et surtout à la scrupuleuse exactitude qu'ils apportaient dans la stricte et loyale exécution de leurs engagements, la maison Léopold vit chaque jour s'étendre le cercle de ses relations, grossir le chiffre de ses opérations, et elle ne tarda pas à s'élever au rang des plus importantes et des plus sérieuses du pays.

MM. Léopold étaient établis depuis peu à Vitry, lorsque la mort de leur père, qui se disposait à se fixer auprès d'eux, provoqua, de la part de la population, une de ces manifestations rares, qui, par sa spontanéité, dut donner aux deux frères la mesure de l'estime et de la considération dont ils jouissaient déjà dans une localité où la probité et les vertus civiques ont toujours été en honneur.

Indépendamment de leurs relations commerciales, MM. Léopold frères eurent aussi avec l'Administration militaire supérieure des rapports fréquents et pour ainsi dire quotidiens. — M. l'Intendant divisionnaire Fournier, et après lui, M. Uhrich, aujourd'hui Intendant général, lui témoignaient la plus grande confiance. — En 1859, lors de la guerre d'Italie, ils furent, notamment, chargés, par voie d'adjudication, de la gestion et de la direction du service des fourrages au Camp de

Châlons. MM. Léopold s'acquittèrent de cette mission avec un zèle et une intelligence que M. Fournier se plaisait souvent à rappeler; aussi, en plusieurs circonstances difficiles, n'hésita-t-il pas à leur confier des entreprises de la plus haute importance.

Doué d'une activité rare et vraiment prodigieuse, d'une force morale peu commune, on peut dire de M. Jacob Léopold qu'il ne connaissait le repos que de nom : il était incompatible avec ses habitudes et son amour du travail. — L'intégrité et la droiture de son caractère, la rectitude de son jugement, l'urbanité de ses manières, unies à une exquise politesse, sa conversation, parfois un peu piquante, mais toujours aimable, le faisaient rechercher de tous ses confrères, qui aimaient à le consulter et à le prendre pour arbitre dans leurs différends; bien souvent, ses avis et son esprit conciliant firent cesser des discussions irritantes et renoncer à des procès qui paraissaient inévitables. Aussi, lorsque l'idée, non encore réalisée, fut émise de la création d'un Tribunal de Commerce à Vitry, le choix de ses concitoyens, que l'élection eût certainement ratifié, l'avait à l'avance désigné pour occuper l'un des siéges de la justice consulaire, poste honorable et bien digne de la légitime et louable ambition du commerçant, et qui lui eût fourni l'occasion de rendre de nombreux et utiles services.

M. Jacob Léopold n'a jamais exercé aucune fonction publique; toutefois, il appartenait à la

Société de Secours mutuels de Vitry, en qualité de Membre honoraire ; il faisait aussi partie du Conseil d'administration de la Société dite de Sainte-Cécile, et ses coreligionnaires l'avaient élu Membre de la Commission administrative de la Communauté et du temple israélite.

C'est à l'initiative personnelle de M. Jacob Léopold et à ses actives démarches auprès de l'honorable M. Haudos, député de la Marne, que la ville et le commerce de Vitry sont redevables de la création d'un bureau télégraphique dans l'intérieur de la ville, création reconnue indispensable, réclamée depuis longtemps, mais sans résultat, et dont les services sont très-appréciés.

Les nécessités d'un commerce qui prenait chaque année une plus grande extension engagèrent MM. Léopold à faire construire, en 1865, un vaste magasin à grains. Par sa disposition ingénieuse et parfaitement appropriée à son but, par son outillage vraiment remarquable et les appareils employés à l'aération et à la ventilation des grains, cette belle construction mérita d'être citée comme un modèle en ce genre et appela l'attention de la Société académique de Châlons, qui accorda à MM. Léopold une médaille en argent de première classe. Cette récompense leur fut décernée par la Société, dans sa séance publique et solennelle du 28 août 1867, où M. Jacob Léopold vint la recevoir des mains de M. de Royer, Vice-Président du Sénat et Président du Conseil général de la Marne, qui adressa au lauréat des félicitations chaleureuses et qui ajoutèrent encore à la valeur de cette distinction honorifique.

Jusque-là tout souriait à M. Jacob Léopold, dont les efforts avaient été couronnés des résultats les plus satisfaisants. Entouré d'une famille charmante, qui le chérissait, rien ne paraissait manquer à son bonheur, lorsqu'une maladie cruelle, dont il avait contracté le germe dans son service au Camp de Châlons, et dont l'issue devait être fatale, vint briser, dans toute la force de l'âge et de l'intelligence, cette existence précieuse et à laquelle de longs et d'heureux jours semblaient promis.

Les funérailles de M. Jacob Léopold eurent lieu le dimanche 6 septembre 1868, à dix heures du matin, au milieu d'un immense concours de citoyens de toutes classes.

En l'absence du Grand-Rabbin de la circonscription, qui n'avait pas cru devoir se rendre aux désirs de la famille, la cérémonie fut présidée par M. Sommer, Ministre officiant de la Communauté de Vitry.

Une foule considérable, formant un cortége imposant, accompagna jusqu'au cimetière, le char funèbre, derrière lequel suivaient une députation de la Société de Secours mutuels, bannière en deuil, ainsi que presque tous les Membres de la Société Sainte-Cécile.

On remarquait, dans la foule, la présence de M. le Maire et de ses deux Adjoints, celle de M. le Commandant de place, faisant fonctions de Sous-Intendant militaire, des Membres du Conseil municipal, des fonctionnaires publics, ainsi qu'un grand nombre de négociants étrangers, accourus des points les plus éloignés, pour rendre un dernier et solennel hommage à celui dont l'éloge était dans toutes les bouches.

Après que les prières prescrites eurent été récitées par M. Sommer, et avant que le corps de M. Jacob Léopold fût descendu dans la tombe où il allait reposer, celui qui écrit ces lignes s'approcha du cercueil qui contenait sa dépouille mortelle, et, au milieu du recueillement général, prononça les paroles suivantes :

« Messieurs,

» En ce moment suprême de la séparation définitive et sur le bord de cette fosse qui va se refermer sur la dépouille mortelle de M. Jacob Léopold, je viens remplir un devoir pénible et payer à sa mémoire un faible, mais sincère tribut de regrets et de reconnaissance.

» Ce devoir que j'accomplis, votre présence, Messieurs, me le rend facile, car elle me dispense de faire ici l'éloge, qui est dans toutes les bouches, de celui que nous pleurons tous, et dont la mort prématurée excite d'aussi unanimes et aussi vifs regrets.

» Avant de sortir de cette enceinte, avant de nous séparer de M. Jacob Léopold, j'éprouve, Messieurs, le besoin de vous parler un instant de lui, de vous rappeler ce qu'il a été et de vous dire quel est l'homme que la mort vient de nous ravir.

» Fondateur, avec M. Bernard, son frère, d'une maison de commerce, qui, par son esprit d'ordre et sa probité scrupuleuse, s'éleva bientôt au rang des plus importantes et des mieux considérées du pays, M. Jacob Léopold a beaucoup travaillé, mais il s'est aussi beaucoup fatigué : son activité n'avait pas de bornes; il ne connaissait le repos que de nom.

» Fidèle en cela aux traditions de sa famille, M. J. Léopold, dont la loyauté était devenue proverbiale, avait conservé intacte la foi de ses pères, et il la pratiquait avec sincérité, mais sans ostentation. De là cette intégrité, cette pureté de mœurs qui ont rendu sa vie si respectable, et qui en font un grand et bel exemple qui sera pour ses enfants la partie la plus précieuse de leur héritage.

» Et pour vous tous, Messieurs, qui avez été en relations avec lui, qui aimiez souvent à le consulter, il vous restera le souvenir du sentiment d'attrait sympathique qu'inspirait ce visage ouvert, où se peignaient, comme un reflet de son âme, la droiture et la bonté, et cette voix douce et calme qui en était comme l'harmonieuse expression.

» Bon et généreux, charitable envers tous, sans distinction de croyances, M. J. Léopold

était aimé de tous ceux qui le connaissaient;
aussi, lorsque la gravité de la maladie qui
l'avait frappé fut connue, les plus tristes
pressentiments envahirent les cœurs; un
instant, l'espoir nous fut rendu, on le dit
sauvé. Vaine espérance! Celui qui sait le
nombre de nos jours en avait décidé autre-
ment.

» Seules, un petit nombre de personnes
avaient le privilége de pénétrer jusqu'à lui,
et c'est par elles que l'on apprenait les al-
ternatives de cette longue et cruelle maladie,
où venaient l'assaillir tant de douleurs phy-
siques si courageusement supportées; c'est
par elles et par leurs récits encore attendris
et émus que l'on savait avec quelle force
patiente il tenait tête au mal qui le terras-
sait, et combien il grandissait encore à
leurs yeux par l'effort de cette lutte héroï-
quement soutenue; comment enfin, épuré
par la souffrance, et franchissant le dernier
intervalle qui le séparait du souverain bien,
entouré de sa famille qui, consternée et
impuissante, assistait avec douleur à la des-
truction de cette existence encore si utile,
cet homme si droit et si juste couronna par
une mort calme une vie consacrée à l'ac-
complissement de tous ses devoirs envers
ses semblables.

» Dans de telles conditions, Messieurs,
la mort peut venir: elle a perdu ses horreurs.
Si elle ne cesse pas d'être une épreuve, elle

n'est plus une menace, et il est doux de penser que celui qu'on pleure a pu encore sourire à son approche.

» Puissante consolation sans doute, mais qui ne peut, qui ne doit pas tarir, dans les cœurs de ceux qui survivent, la source des douleurs et des larmes ! Le spectacle du deuil qui nous entoure nous le fait assez comprendre en ce moment, où chacun de nous ressent en lui-même, dans la mesure où il est atteint, le coup qui nous frappe tous à la fois, et c'est pour le dire, c'est pour le déplorer, que j'ai osé élever ma faible voix, pour déposer sur cette tombe le témoignage de notre profonde affliction et de nos impérissables regrets ! »

Nancy. — Imp. de Hinzelin et Comp.

AF263860

LETTRE

DE

M. DE LA BEAUMELLE

A MESSIEURS PHILIBERT ET CHIROL

LIBRAIRES A GENÈVE

SECONDE ÉDITION

PRÉCÉDÉE D'UNE NOTICE BIOGRAPHIQUE

PARIS

CHERBULIEZ, LIBRAIRE
Rue de la Monnaie, 10

LEDOYEN, LIBRAIRE
Palais-Royal, gal. d'Orléans, 31

ET A LA LIBRAIRIE, RUE TRONCHET, 2

1853

PARIS. — IMPRIMERIE DE CH. MEYRUEIS ET COMP.,

Rue Saint-Benoît, 7. — 1853.

BIOGRAPHIE DE LA BEAUMELLE

BEAUMELLE (Laurent ANGLIVIEL DE LA), littérateur français, naquit à Valleraugue (Gard) le 28 janvier 1726, de Jean Angliviel, négociant, et de Susanne d'Arnal, nièce du général Carle, et mourut à Paris le 17 novembre 1773. Il fit ses études au collége d'Alais, et fut d'abord destiné au commerce, profession à laquelle il renonça bientôt. Il quitta la France à la fin de 1745, et se rendit à Genève. Après dix-huit mois de séjour en Suisse, il passa en Danemark. Il était appelé à Copenhague auprès d'un seigneur danois, pour diriger, en qualité de gouverneur, l'éducation de son fils. Trois ans après, il présenta au roi de Danemark un projet d'établissement d'une chaire de langue et belles-lettres françaises. Ce projet fut approuvé, et La Beaumelle obtint cette chaire. Le professeur se sépara alors de son élève et fit un voyage à Paris cette même année (1750) pour obtenir la permission d'exercer les fonctions de son emploi. De retour à Copenhague, il y professa la langue et les belles-lettres françaises pendant quelque temps. Il résigna sa place à la fin de 1751, pour se rendre à Berlin.

Voltaire était alors à la cour de Prusse en grande faveur auprès de Frédéric II. La Beaumelle le vit plusieurs fois. C'est de cette époque que date la brouillerie de ces deux écrivains. La Beaumelle avait récemment publié un livre intitulé *Mes pensées;* il renfermait un passage qui déplut à Voltaire, et qui devint la cause de la haine que celui-ci voua à son auteur et des persécutions qu'il lui suscita depuis.

Après avoir éprouvé à Berlin toute espèce de désagréments, La Beaumelle quitta la Prusse, séjourna quelque temps dans différentes villes d'Allemagne, et vint à Paris à la fin de 1752. Il ne tarda pas à y éprouver les effets du ressentiment de Voltaire. Il fut arrêté le 24 avril 1753, conduit à la Bastille et enfermé dans la première chambre de la tour du coin, où il eut la permission d'écrire et de travailler à divers ouvrages déjà commencés. Le 1er août, il fut transféré dans une autre chambre; on lui enleva le papier, l'encre et les plumes. C'est alors que, privé de tout moyen d'écrire, il y suppléa en traçant sur des assiettes d'étain, avec la pointe d'une aiguille, une ode sur les couches de la dauphine (imprimée depuis), et sept cents vers au moins d'une tragédie restée inachevée. Cependant cet excès de rigueur que La Beaumelle eut à subir ne fut pas de longue durée. Il fut élargi le 12 octobre 1753 et exilé à cinquante lieues de Paris. Il obtint, quelques jours après, la permission d'y rester. Il dut sa liberté aux sollicitations pressantes de sa famille et de ses amis, au nombre desquels, et parmi les plus dévoués, il faut citer Montesquieu et La Condamine.

Pendant la détention de La Beaumelle, Voltaire avait publié contre lui son *Supplément au Siècle de Louis XIV*. Rendu à la liberté, il lui fut permis de répondre à son adversaire ; sa réponse parut en 1754. Cet ouvrage est regardé comme l'un des plus piquants dans le genre polémique : il obtint un grand succès.

Un ouvrage plus important l'occupait alors et depuis longtemps : c'était les *Mémoires pour servir à l'histoire de Madame de Maintenon*. Il avait déjà sondé le goût du public par l'impression de deux petits volumes de lettres de cette dame et d'un premier volume de sa vie, très abrégée; mais son cadre s'agrandit par l'abondance des matériaux qui furent mis à sa disposition. Saint-Cyr lui fut ouvert ; le maréchal duc de Noailles lui communiqua des documents dont il était possesseur, et il travailla souvent à Versailles sous les yeux de ce seigneur. Louis XV lui-même voulut lire le manuscrit de La Beaumelle. Celui-ci se rendit en Hollande en 1755 pour le faire imprimer. Il revint à Paris un an après. Il avait obtenu la permission d'y faire entrer son livre et la levée définitive de sa lettre d'exil, qui avait été seulement suspendue tous les six mois. Son ouvrage, imprimé en février 1756, par souscription, obtint le plus grand succès. La fortune semblait sourire à La Beaumelle. Il était au moment de jouir de ses succès au sein de sa famille, lorsque, prêt à partir pour se rendre auprès d'elle, il fut arrêté le 6 août 1756 et conduit une seconde fois à la Bastille.

La Beaumelle ne se laissa point abattre sous le coup d'un malheur aussi imprévu qu'il était peu mérité. Son amour pour l'étude, son ardeur pour le travail, ne se ralentirent point. Il termina sa traduction de Tacite, entreprise pendant son premier séjour à la Bastille, tandis que les contre-façons multipliées du livre qu'il venait de publier lui enlevaient le fruit de ses veilles et de ses travaux. Sa détention, qui porta de graves atteintes à sa santé, se prolongea au delà d'un an. La Beaumelle ne fut rendu à la liberté que le 1er septembre 1757. Il rentra dans sa famille après douze années d'absence, et trois jours seulement avant la mort de son père. Un exil, qui succéda à la prison, interdit à La Beaumelle la résidence de Paris, et l'obligea de séjourner dans différentes villes de sa province (le Languedoc). C'est pendant ce temps (1760-1761) qu'il eut une affaire désagréable à démêler avec les capitouls de Toulouse, dont le résultat fut d'abord de le faire emprisonner, mais qui se termina à la honte du fameux David, capitoul, qui joua un si grand rôle dans la malheureuse affaire de l'infortuné Calas [1]. La Beaumelle prit la plus grande part à la défense des victimes du fanatisme. C'est lui qui fit le placet d'après lequel madame Calas obtint la liberté de ses filles en 1762. Peu de temps après (1764), il épousa l'une des sœurs du *jeune Lavaysse*, de celui-là même qui fut impliqué dans le procès de Calas. Sa femme possédait auprès de Mazères (Ariége) un domaine où il se fixa. Il pouvait

---

[1] Voy. le *Mémoire de Laurent Angliviel de La Beaumelle contre le procureur général du roi*. Toulouse, 1760, in-12.

se flatter d'y jouir enfin du repos, lorsque Voltaire lui adressa par la poste (1767) une lettre diffamatoire imprimée [1], et la fit répandre avec profusion dans le pays de Foix. Il l'accusa auprès du ministre (le comte de Saint-Florentin) de lui avoir écrit quatre-vingt-quinze lettres anonymes, et lui adressa la dernière, qu'il assurait être de La Beaumelle, quoique sans signature. Celui-ci s'empressa d'écrire à M. de Saint-Florentin pour réfuter les calomnies de son ennemi, calomnies qui ne tendaient à rien moins qu'à le flétrir, le déshonorer, et le faire considérer comme un ennemi de l'État. Il ne se borna pas à cette démarche ; il réunit des pièces authentiques, dans le but de détruire juridiquement les accusations de son ennemi ; enfin il conçut l'entreprise d'une édition des œuvres de Voltaire, avec des remarques au bas des pages. La mort ne lui permit pas de l'exécuter. Ce travail se borna à l'impression de la *Henriade* avec des remarques (1769), et le volume même ne fut pas publié, Voltaire ayant eu le crédit d'en faire saisir l'édition.

Cependant, après un long exil, et malgré toutes les tentatives de Voltaire pour le perdre, non-seulement La Beaumelle eut la permission de revenir à Paris au commencement de 1770, mais, peu de temps après son retour dans cette ville, il fut attaché à la Bibliothèque du roi, et bientôt après une pension lui fut accordée. Il n'en jouit pas long-

---

[1] Madame de La Beaumelle ayant reçu et ouvert le paquet adressé à son mari, qui était malade, voulut lui en dérober la connaissance, dans l'espoir, bientôt déçu, d'amener une réconciliation. Elle écrivit à Voltaire dans ce sens ; son père, M. Lavaysse, entra en correspondance avec lui dans le même but. — Ces démarches furent inutiles.

temps : il mourut, avant d'avoir atteint sa quarante-huitième année, dans la maison habitée par son ami La Condamine, qui ne lui survécut que de quelques mois [1].

Les principaux ouvrages de La Beaumelle sont : *la Spectatrice danoise,* ou *l'Aspasie moderne,* ouvrage hebdomadaire; Copenhague, 1749-1750, 3 vol. in-8° : La Beaumelle y eut la plus grande part; — *l'Asiatique tolérant,* 1750, in-12; — *Suite de la défense de l'Esprit des lois,* 1751, in-12; — *Mes pensées,* Copenhague, 1751, in-12 (Voici le passage de ce livre qui déplut à Voltaire : « Qu'on parcoure l'his-« toire ancienne et moderne, on ne trouvera point « d'exemple de prince qui ait donné sept mille écus « de pension à un homme de lettres, à titre d'hom-« me de lettres. *Il y a eu de plus grands poëtes que* « *Voltaire,* il n'y en a jamais eu de si bien récom-« pensés, parce que le goût ne met jamais de bor-« nes à ses récompenses. Le roi de Prusse comble « de bienfaits les hommes à talent, précisément par « les mêmes raisons qui engagent un petit prince « d'Allemagne à combler de bienfaits un bouffon ou « un nain »); — *Pensées de Sénèque,* avec le latin à côté; Paris, 1752, 2 vol. in-12; — *Réponse au Supplément du Siècle de Louis XIV,* 1754, in-12, reproduite sous le titre de *Lettres de La Beaumelle à Voltaire,* 1763, in-12; — *Mémoires pour servir à l'histoire de Madame de Maintenon;* Amsterdam, 1755-

---

[1] La Beaumelle laissa en mourant deux enfants en bas âge : une fille qui vit encore (1852), veuve de J.-A. Gleizes, écrivain distingué, et un fils, né à La Nogarède, près Mazères, le 21 septembre 1772, mort colonel du génie à Rio de Janeiro le 29 mai 1831.

1756, 6 vol. in-12, suivis d'un recueil de lettres de cette dame, 9 vol. in-12 ; — *Préservatif contre le déisme*, 1763, in-12 ; — *Examen de la nouvelle Histoire de Henri IV*, de Bury (sous le nom du marquis de B...); Genève, 1768, in-8° : cet ouvrage excita la colère de Voltaire, qui réussit à en faire mettre six cents exemplaires au pilon (*voy.* Barbier et Quérard, qui rapportent des faits curieux sur ce livre) ; — *Lettre à Philibert et Chirol* (dans l'*Année littéraire*), 1770 ; — *la Henriade, avec des remarques*, 1769, in-8° : Fréron en publia une 2ᵉ édition avec des changements, sous le titre de *Commentaires sur la Henriade*, 1775, in-4° ou 2 vol. in-8° ; — *l'Esprit*, ouvrage posthume ; Paris, 1802, in-12.

Parmi les nombreux manuscrits laissés par La Beaumelle, nous indiquerons une traduction de *Tacite*, une *Vie de Maupertuis*, un ouvrage considérable en faveur des protestants, etc.

MAURICE ANGLIVIEL.

(Extrait de la nouvelle Biographie universelle publiée par MM. Firmin Didot frères, sous la direction de M. le docteur Hoefer. Paris, 1853, t. V, p. 15-18.)

N. B. A la suite de cet article, on a cité *Charles Nisard*, dans l'*Athenæum français* (1852), parmi les sources à consulter sur la vie et les écrits de La Beaumelle. Pour quiconque aura lu les pages précédentes, il doit être évident qu'il ne pouvait nous

venir dans l'esprit de signaler M. Nisard comme une autorité.
Nous nous étions borné à renvoyer à M. Quérard [1] pour les détails bibliographiques, et, pour la partie biographique, à M. Ni-
colas [2], le travail de cet auteur étant, jusqu'à ce jour, ce qui
existe de plus exact et de plus complet sur La Beaumelle.

[1] *La France littéraire*, 1830, in-8°, t. IV.
[2] *Notice sur la vie et les écrits de Laurent Angliviel de La Beaumelle.* Paris, chez Cherbuliez et chez Ledoyen, 1852, in-8°.

LETTRE

DE M. DE LA BEAUMELLE

A MESSIEURS PHILIBERT ET CHIROL,

LIBRAIRES A GENÈVE.

LETTRE

DE M. DE LA BEAUMELLE

A MESSIEURS PHILIBERT ET CHIROL,

LIBRAIRES A GENÈVE.

—∘∘—

A Paris, le 25 août 1770.

Messieurs,

Un bruit assez étrange est venu jusqu'à moi,
Et je l'aurais jugé trop peu digne de foi,

si je pouvais récuser le témoignage de l'homme respectable de qui je le tiens. Il est fort instruit de tout ce qui se passe et se dit à Genève ; il m'a assuré qu'on y attribuait généralement au plus lâche motif le silence que je garde depuis si longtemps sur plusieurs écrits attribués, soit avec raison, soit injustement, à M. de Voltaire, et dans lesquels je suis cruellement outragé. On se souvient qu'en 1753 je réfutai avec assez de force le *Supplément au Siècle de Louis XIV*, où j'étais moins maltraité que dans vingt libelles qui ont paru depuis. Comment, dit-on, quelqu'un dont le premier combat fut une victoire, voit-il stoïquement tant d'actes d'hostilité? Comment est-il devenu si patient après s'être montré si sensible? Je ne suis point surpris de ces réflexions; on ignore les raisons qui m'ont déterminé au silence. Mais ce qui m'étonne, c'est qu'on ait cru parmi vous que ce silence avait été acheté par M. *de Voltaire*. Si l'on croit cela dans une ville où mes différens avec lui ne m'ont ôté aucun ami, et peut-être m'en ont donné, que croira-t-on ailleurs? Votre compatriote m'avoue avec franchise qu'il a lui-même été dans cette persuasion. Il prétend qu'auprès de ceux qui ne me connaissent pas personnellement, la vraisemblance d'une forte pension que M. *de Voltaire* me fait compter avec exactitude explique naturellement cette espèce d'insensibilité que les gens de bien et d'honneur me reprochent depuis si longtemps.

Me voilà donc le pensionnaire de mon ennemi, en vertu d'un traité fait entre nous. D'une part, je lui permets, moyennant une somme, de me déchirer à belles dents; de l'autre, il accepte la promesse que je lui fais de ne pas me défendre. Comment une idée aussi folle a-t-elle pu entrer dans des têtes bien organisées? Un tel soupçon suffirait pour me remettre les armes à la main si je les avais jamais posées; il ne m'est plus permis de penser que tant de calomnies sont réfutées par leur atrocité, dès que je vois qu'elles ont laissé dans de bons esprits de si fâcheuses impressions. Mon premier devoir est de les effacer.

Dans cette vue, je m'adresse à vous, Messieurs, qui savez depuis longtemps que je n'ai point renoncé à faire rougir M. *de Voltaire*, ou l'Écrivain qui a pris son nom, de s'être si souvent oublié vis-à-vis de moi. Tous les traits que l'un ou l'autre m'ont lancés sont tombés sur une âme sensible; et cette âme sensible repoussera bientôt sans aigreur, mais avec fermeté, tous les outrages contenus dans la préface de l'*Histoire de Pierre le Grand*, dans celle des *Souvenirs de Madame de Caylus*, dans des *Lettres à M. J.-J. Rousseau, à l'Académie française et au sénateur Albergoti*, dans les *Honnêtetés littéraires*, dans le mémoire intitulé : *Mémoire présenté au ministère par M. de Voltaire*, contre *La Beaumelle*, dans celui qui a pour titre : *Mémoire pour être mis à la tête de la nouvelle édition du Siècle de Louis XIV*, dans les *Notes du Siècle de Louis XV*, dans une *Lettre à Lacombe*, dont l'auteur de l'*Avant-Coureur* a sali ses feuilles, dans une autre *Lettre* de quatre pages qui, en 1767, me fut adressée par la poste avec d'autres libelles, ainsi qu'au Juge et au Curé de Mazères, où j'habitais, et aux Consuls et à l'Archiprêtre du Carla, dont je venais d'acheter la seigneurie. Le Public m'a sans doute fait raison des grossièretés; mais je me dois à moi-même de me faire raison des calomnies.

On a attaqué en moi l'homme de Lettres; qu'on l'attaque encore, je ne le défendrai pas. Le Public m'a jugé sans consulter mon ennemi. Qu'on me dise que je suis un très mauvais écrivain, c'est un très petit mal; et l'unique réponse que je dois à celui qui me le dit outrageusement, c'est de faire imprimer en gros caractères ses outrages. Mais les gens de Lettres n'existent pas seulement dans la société comme auteurs; ils y existent comme citoyens, et chacun d'eux y existe avec plus ou moins d'agrément, suivant l'opinion que ses concitoyens ont de ses mœurs. Ils doivent être aussi jaloux de leur réputation que tous les autres sujets. Oserait-on blâmer celui qui, se voyant diffamé, mépriserait les injures, et se purgerait des imputations?

On m'a dit cent fois, et vous-mêmes, Messieurs, m'avez répété : quel tort peuvent faire à votre honneur les satires d'un anonyme? Il allègue des faits; mais ses allégations sont absolument dénuées de preuves. Je n'aurais rien à répondre si ces satires n'étaient lues que par des sages : je serais bien sûr qu'ils renverraient avec indignation dans la classe des mensonges imprimés tout ce qui ne serait pas prouvé. Mais ces libelles ont bien d'autres lecteurs; les uns admettent tout par malignité de cœur; les autres croient tout par faiblesse d'esprit. Il en est qui sont si vivement frappés, qu'ils ne peuvent se défendre d'une demi-persuasion; les plus équitables sont ceux qui restent indécis; quand la calomnie est présentée adroitement, avec tout l'appareil, toutes les couleurs de la vérité, le diffamé est trop heureux s'il se trouve quelques personnes judicieuses qui ne le croient pas tout à fait aussi noir qu'on le représente. A peine le mensonge élève-t-il sa voix, que mille échos répètent au moins ses dernières paroles; l'écho n'est rien, et c'est ce rien qui assassine.

Aussi les lois de tous les peuples ont-elles ouvert aux citoyens calomniés la voie de l'action criminelle contre le calomniateur. Les Romains, que *Tite-Live* appelle le peuple le plus doux dans les châtiments, outrèrent la sévérité contre les auteurs des libelles diffamatoires; ils croyaient sans doute qu'une diffamation, la plus dénuée de preuves, pouvait quelquefois flétrir autant le citoyen que la condamnation la plus légale. Nous sommes moins délicats ; cependant tous nos Tribunaux vengent tout offensé qui leur présente l'offenseur. Je dois donc être assuré que les cœurs honnêtes approuveront ma juste défense et cette sensibilité à laquelle la loi même se fait gloire de compatir. Que d'autres opposent à la calomnie un cœur armé d'un triple airain. Pour moi j'ai une famille, et quand je n'en aurais point, n'aurais-je pas ma personne ? et si je ne tenais à rien dans le monde, ne tiendrais-je pas toujours à mon honneur ?

Mais comment accorder cette défense avec cette morale sublime qui nous fait une loi du pardon des injures ? Cette objection des Chrétiens parfaits est aussi celle des esprits extrêmement généreux. On pourrait prier les uns et les autres d'observer qu'une défense des mœurs n'est point incompatible avec le pardon de celui qui les attaque. Pour moi, soit incapacité de haïr longtemps, soit générosité, soit compassion pour la faiblesse humaine, je pardonne à M. *de Voltaire*, ou à celui qui a pris son nom ; je loue, ce me semble, aussi volontiers ce qu'il a fait de bon, que j'applaudis à ce qu'il a écrit de beau. Je ne dirai point que je lui ferais du bien, si je le pouvais ; la haine la plus vive exercerait avec volupté une si cruelle vengeance. Mais j'ose présumer assez de moi pour croire que, si je pouvais altérer le bonheur dont il jouit, je m'en abstiendrais sans effort, et que, si sa vie m'offrait une suite de faits propres à le décrier auprès des races futures, ma plume ne se prêterait point au droit de représailles. Ce

n'est point à lui que je pense ; je ne veux ni lui nuire,
ni l'affliger, ni l'attaquer ; je ne veux que me défendre. Si l'anonyme qui m'insulte est jeune, je puis
compter sur son repentir ; s'il est vieux, je dois re-
garder son déchaînement comme le radotage d'un
cœur ulcéré. S'il est sur le bord du tombeau, il ne
peut exciter que ma pitié. Ce qui m'occupe, ce sont
mes amis, ma famille, tant d'hommes qu'il a trom-
pés sur mon compte et qu'il m'importe de désabuser.

Il m'a fallu du temps pour préparer ma défense ;
il a fallu écrire en Danemarck, à Genève, à Berlin,
à Paris, présenter des requêtes aux Magistrats, faire
légaliser des signatures, obtenir des informations.
Enfin, j'ai rassemblé les preuves les plus propres à
démentir chacun des faits articulés contre moi. Ces
preuves sont dans la forme la plus authentique ; j'en
donnerai l'extrait après en avoir déposé les originaux
à la bibliothèque du Roi ; et, sans invectives, même
sans réflexions, je défendrai mon honneur devant le
Public par une simple *production* de pièces, comme
je le ferais devant un tribunal auquel je demanderais
un arrêt de déclaration d'innocence.

Voilà les motifs, Messieurs, qui ont retardé ma défense ; vos Genevois ne pouvaient les deviner. Mais
il y avait tant d'autres raisons qui suffisaient pour
me justifier ! Un marché par lequel je connivais à
mon propre déshonneur, était la dernière conjecture
qui se présentait. Ce qu'il y a de singulier, c'est que,
tandis qu'à Genève on me soupçonnait d'avoir vendu
mon silence à mon ennemi, mon ennemi m'accusait
auprès de l'autorité suprême de lui avoir écrit dans
l'espace d'une année quatre-vingt-quinze lettres ano-

nymes. Il parvint même à persuader ce qu'il ne croyait pas ; car pouvait-il croire qu'un homme qui l'avait *bombardé* publiquement en 1753 *avec des comminges,* pour me servir de l'expression de M. *d'Argenson,* alors ministre de la guerre et de Paris, allât s'amuser quinze ans après à le piquer secrètement à coups d'épingles. D'ailleurs, les invectives qu'il a publiées, ou permis de publier sous son nom contre moi, ne m'avaient-elles pas donné le droit de lui parler face à face ? Mes détracteurs et lui verront incessamment combien ils s'étaient écartés du vrai. Mais à quoi servira cette justification ? Elle sera lue par quelques-uns de mes contemporains, et tombera bientôt dans l'oubli, au lieu que la diffamation parviendra sûrement aux siècles à venir, puisqu'elle est consignée dans le recueil des œuvres de M. *de Voltaire,* soit qu'elle parte de sa plume, soit qu'il ait eu seulement la faiblesse de l'adopter, soit que ses Libraires l'aient glissée sans son aveu dans cette unique édition qu'il avoue. Il arrivera donc que je me serai bien justifié, et que je resterai pourtant flétri. Mon siècle m'aura plaint, et la postérité me méconnaîtra. Cette postérité sans cesse renouvelée me retrouvera dans tous les volumes de cette immense collection dont elle fera ses délices. Car puis-je me dissimuler que les ouvrages de M. *de Voltaire* sont d'un genre à être longtemps l'unique lecture des femmes, des gens du monde, et même des gens de lettres ? Il a traité tant de sujets ; il y a répandu tant d'agrément ; il est si séduisant par les charmes de son style ; il est si commode à lire et si facile à retenir ! Il est quelquefois si plaisant dans ses libelles mêmes, dont chaque phrase est un poignard renfermé dans un éclair! En vérité, il est bien fâcheux de prévoir qu'on sera diffamé à jamais dans un Recueil qui, selon les apparences, sera sans cesse réimprimé et qui tiendra lieu de bibliothèque à tant d'honnêtes gens. J'avoue que la perspective d'une ignominie future, ineffaçable, éternelle, répand l'amertume jusque sur la joie que me donne ma justification prochaine.

Après bien des réflexions, je n'ai trouvé qu'un seul remède. Mais aussi ce remède est infaillible, et doit fermer pour jamais toutes mes blessures. C'est l'exécution d'un projet que j'annonçai en 1752, dans une *Lettre* imprimée [1]; projet que je n'ai jamais perdu de vue. Depuis cette Lettre, j'ai toujours lu les œuvres de M. *de Voltaire*, la plume à la main; j'ai enregistré exactement à la marge de mon exemplaire tout ce qui s'est présenté dans mes études de relatif à cet objet. Lorsque M. *de Voltaire* ou son espèce de pseudonyme, recommença en 1766 les hostilités, je repris ce projet avec une nouvelle ardeur, et vous vous rappellerez, Messieurs, que vous en fûtes les confidents. Il me parut tout simple de donner une édition des OEuvres de M. *de Voltaire* avec des notes courtes et utiles dans le goût de l'édition qu'il m'avait fait l'honneur de donner chez vous des *Mémoires de Madame de Maintenon*. Je me disais qu'en rendant un service aux Lettres, je m'en rendais un à moi-même, et que j'aurais l'occasion toute naturelle d'attacher ma justification à chaque calomnie. Je m'engageai dans ce travail avec toute l'application que

---

[1] Adressée à Madame Denys.

ma santé pouvait me permettre. Cette entreprise me parut moins considérable à mesure que j'avançais ; mais, quand elle aurait été plus vaste et plus pénible, j'étais puissamment encouragé par la certitude de faire passer l'antidote avec le poison à la postérité la plus reculée. J'osai me flatter que le public recueillerait avec plaisir le fruit d'une juste sensibilité. Il s'amuse des méchants ; mais il s'intéresse à ceux qui mettent un si haut prix à son estime. Juge des réputations, il sait que très peu d'hommes peuvent en acquérir une brillante, mais que tout citoyen doit aspirer à n'en pas laisser une mauvaise.

Cette édition paraîtra dès qu'il se présentera un libraire qui veuille copier l'édition *in-8°* des frères *Cramer*. Je lui remettrai mon manuscrit, à condition qu'il imprimera mon Commentaire au bas du texte ; qu'il fera une édition belle et correcte ; qu'il la donnera, malgré les augmentations, au même prix que celle des *Cramer*, et qu'il publiera séparément le Commentaire, en faveur des personnes qui ayant déjà ce Recueil ne voudront pas l'acheter une seconde fois. Qu'il me tarde que cette entreprise soit exécutée ! Ce n'est qu'à ce prix que je puis être tranquille. La mort, que mes infirmités me font envisager d'assez près, n'aura plus rien d'accablant pour moi ; je me dirai : Tu reçus de tes pères un nom sans tache ; tu le rends à tes enfants tel que tu le reçus.

Les gens de Lettres doivent, ce me semble, s'intéresser à mon projet. Ils liront avec plaisir l'apologie de tant de confrères que M. *de Voltaire* ou l'auteur qui a pris son masque, a satirisés, avilis, diffamés. Nos Illustres mêmes verront avec joie tant de grands noms défendus contre un écrivain audacieux qui voudrait ébranler les réputations les mieux affermies; car chacun d'eux doit se dire : Avec quel mépris cet homme qui nous ménage en public doit-il parler de nous dans le particulier, puisqu'il traite *Pascal* de rêveur, *Bossuet* de déclamateur, *Fénelon* d'écrivain faible et languissant, *La Fontaine* d'ennuyeux conteur, *Clarke* de métaphysicien absurde, *Rousseau* de versificateur, *Maupertuis* d'écolier, *Crébillon* d'énergumène, *Montesquieu* de goguenard?

En conséquence du projet dont je viens de vous rappeler le souvenir, je ferai paraître incessamment ma critique de *La Henriade*[1]. J'ai commencé par ce poëme, qui paraît le premier dans la collection des OEuvres de M. *de Voltaire*, et sur lequel il fonde principalement ses droits à l'immortalité. Ma critique est si honnête, si modérée, et j'ose le dire, si équitable, que, si elle déplaît à M. *de Voltaire*, il n'osera le témoigner. En écrivant j'ai totalement oublié l'auteur, et je ne me suis occupé que de l'ouvrage.

Je prévois que M. *de Voltaire* ne me tiendra nul compte de mes égards pour son mérite et pour sa réputation; il regardera ma Critique comme un attentat; il poussera les hauts cris; mais apparemment on le laissera crier. Dans le fond, je lui fais pendant sa vie le même honneur qu'il a fait au grand *Corneille* près d'un siècle après sa mort. Je le traite comme un de ces modèles rares dont les fautes peuvent être prises pour des beautés. Je l'élève, en quelque sorte, à la dignité d'auteur classique. Tous les

---

[1] Cette critique est toute prête. Elle formera un volume grand *in-*12 d'environ 360 pages.

éloges sont épuisés pour lui. On le cite comme un oracle; on le proclame le Coryphée des Philosophes; on n'obtient que de lui des diplômes de bel-esprit; on veut lui ériger une statue : honneur qu'on n'a pas encore rendu à *Corneille*, à *Molière*, à *Racine*, etc. : la Critique seule peut désormais augmenter la gloire d'un si grand homme, en l'engageant à corriger, suivant sa coutume, dans une nouvelle édition, tant de fautes qui lui sont échappées, et qu'il ne pourra plus désormais se dissimuler. Ses amis, ses enthousiastes, et lui-même, m'auront obligation de la perfection qu'il donnera, dans l'espace de quelques matinées, à ce qu'ils appellent son chef-d'œuvre.

Il serait sans doute beaucoup plus beau de faire une meilleure *Henriade*, une *Henriade* où il y eût du merveilleux, de l'intérêt, de l'éloquence et des mœurs; c'est même une idée qui me tourmente depuis longtemps. Mais il faudrait plus de talent et surtout plus de santé que je n'en ai. Je me borne donc pour le présent à quelques remarques; cette critique appartient de droit à MM. de l'Académie Française, puisque j'y ai pris pour modèle celle qu'ils firent du *Cid*. Je ne doute pas que cette Compagnie n'agrée mon hommage, puisqu'il ne serait pas possible d'imaginer une raison qui pût le lui faire refuser.

Pardon, Messieurs, de tous ces détails. J'ai cru devoir y entrer, pour mettre votre amitié à portée de détruire les bruits désavantageux qu'on répand sur mon compte.

J'ai l'honneur d'être, etc.

DE LA BEAUMELLE.

www.ingramcontent.com/pod-product-compliance
Lightning Source LLC
Chambersburg PA
CBHW051214050726
47594CB00007B/3209